# ECOMOVA

## MAGAZINE

## ANTHONY MONTALVO

**ENTREVISTA ESPECIAL**

## VERSICULO DEL AÑO

YouVersion NOS REVELA LO MÁS SOBRESALIENTE DEL 2023

## NAVIDAD EN UNA SOLA PALABRA

## ARMONIA FESTIVA

talentos bolivianos nos dejan un mensaje especial

## LOS HERMANOS CINTRÓN

**ANÉCDOTAS Y CAMINAR MUSICAL**

## HOY TE LO CUENTO

**CON YOLANDA FABIAN**

*ecomovamagazine.mediosdigitales*

**DICIEMBRE DE 2023//AÑO 2 - N°12 - EDICIÓN 23**     @ECOMOVA.MAGAZINE

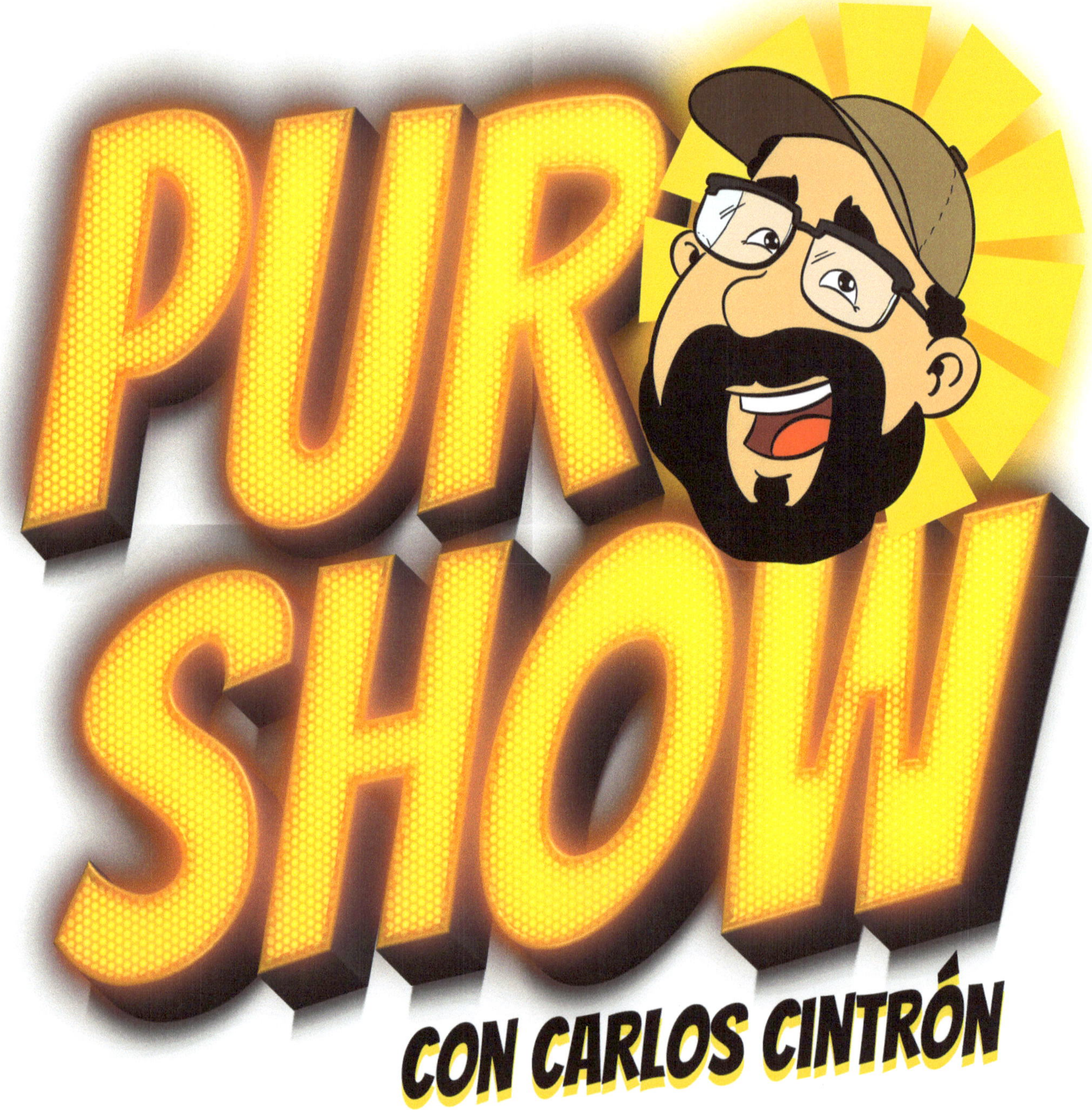

# PURO SHOW

## CON CARLOS CINTRÓN

**El Showman
de la Radio**

Lunes a Viernes

9am - 12pm (NY TIME)

RadioLibreNJ.com

Baja Nuestro App

TikTok

Scan QR code to follow account

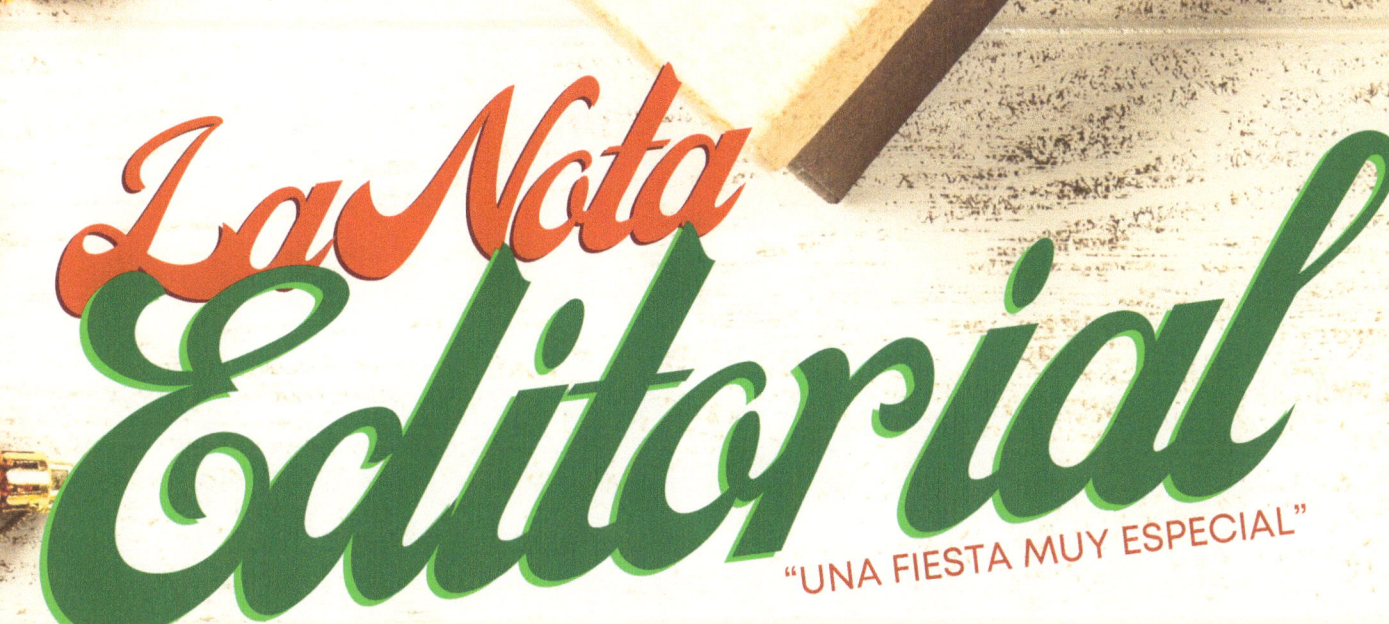

# La Nota Editorial

Se nos termina el año 2023, han pasado días, semanas, meses y muchas personas hacemos un análisis de todo lo que hicimos, logramos metas y objetivos o tal vez las cosas no salieron como hubiésemos querido, porque no le pusimos todo el interés, la fuerza que requería cada reto para lograr lo que nos propusimos, es fin de año y las cosas ya están reveladas al igual que las fotografías

Hoy quiero darte una noticia, hace más de dos mil años, se logró un objetivo que por años fue esperado, preparado y consumado. Una noche especial "El cielo se iluminó, los ángeles cantaron y la noticia corrió como río", así relatan los libros de historia, siendo la fuente fidedigna las sagradas escrituras "LA BIBLIA".

Los evangelios captaron este gran momento, San Lucas 2 relata "Pero el ángel les dijo: No teman porque he aqui les doy noticias de gran gozo, que será para todo el pueblo.
Que hoy ha nacido en la ciudad de David un Salvador que es Cristo Jesús...
Gloria a Dios en las alturas y en la tierra paz, buena voluntad para el ser humano"

Esta historia verdadera se convirtió en una fiesta que ha traspasado de siglo en siglo, de generación en generación hasta nuestros días

La navidad es una fiesta muy especial de la familia, recordamos el nacimiento de nuestro Salvador, aunque en nuestros días se ha vuelto comercial donde se han añadido más cosas por tradición.

Amada familia que son parte de ECOMOVA MAGAZINE, de parte de toda la producción queremos agradecerles por estar con nosotros y ver cumplidos muchos proyectos en favor de toda la familia, gracias por su lealtad, por sus aportes en comentarios,, fotografías en hacernos partícipes para alcanzar sus objetivos, sus metas.

Gracias por sus oraciones y su amistad, les invitamos a seguir co nosotros y seguir trabajando, que la tierra se llene de ese cántico nuevo que emana del corazón de Dios y que es hecho realidad a travez de la boca y el talento de todos ustedes.

Es por eso que nos unimos a esta fiesta especial, recordando el NACIMIENTO TERRENAL DE EMANUEL (Dios con nosotros)

Un abrazo para todos ustedes y sus familias de parte de la ECOMOVA NETWORK.

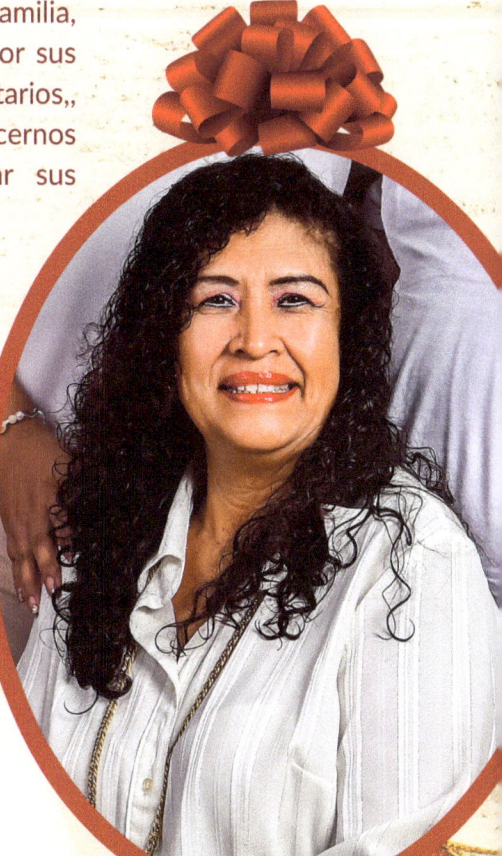

# ECOMOVA

## MAGAZINE

# STAFF

### DIRECTORES
- Rosario de Morales
- Cesia Morales
- Orlando Jiménez

### IDEA CREATIVA
- Orlando Jiménez

### COORDINADORES NACIONALES
- BOLIVIA - ORLANDO JIMÉNEZ
- COLOMBIA - JULIETTE ABONÍA
- ESTADOS UNIDOS - YOLANDA FABIÁN

### COLABORADORES
- FAROLOOP
- CARLOS CINTRÓN
- DIEGO REYNOLDS - LUDIBARRO
- NOMAD Music House LLC
- METEORITO MUSIC
- REAL STREET GROUP
- YOLANDA FABIÁN

"LA DAMA DE LA RADIO"

### CORRESPONSALES DE NOTICIAS
- Juliette Abonía - Colombia

### INVITADOS DE LA EDICIÓN
- GABRIEL GALLEGO

### FOTOGRAFÍA
- DANIEL TICONA - SANDRO
- CORTESÍA FAMILIA CINTRÓN
- CORTESÍA GABRIEL GALLEGO

## Noviembre 2023

### HECHO EN BOLIVIA

*"Hagamos que la música sea un instrumento para adorar a Dios y un camino para llegar a esas vidas que necesitan oír el mensaje de salvación"*

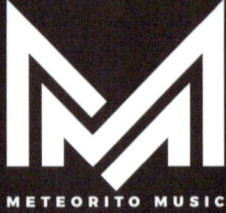

meteorito music

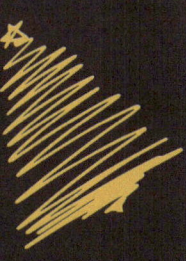
# ECOMOVA
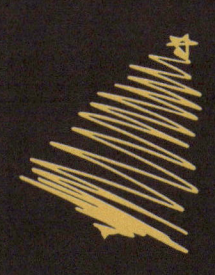

## MAGAZINE

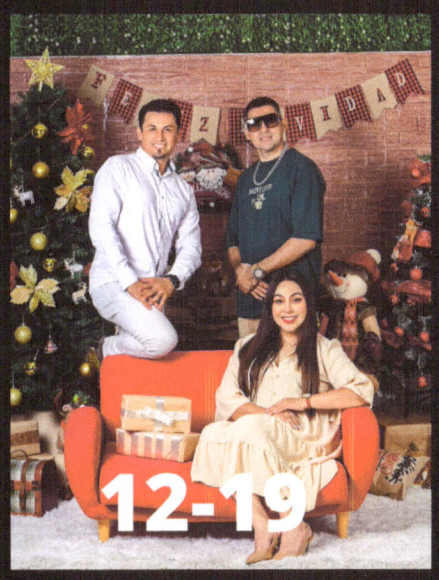

**12-19**

# EN PORTADA

## ARMONÍA FESTIVA

TALENTOS BOLIVIANOS
NOS DEJAN UN
MENSAJE ESPECIAL

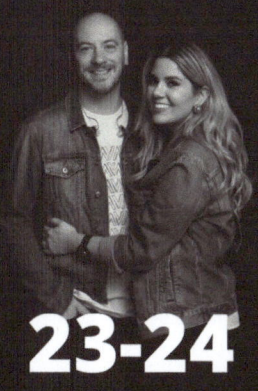

**23-24**

## THE MASTER CLASS

### JUNTO A
### GABRIEL GALLEGO

10 CONSEJOS PRÁCTICOS
PARA MÚSICOS

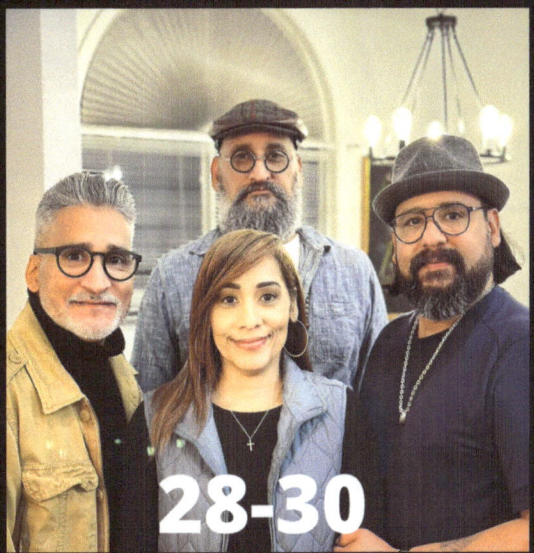

**28-30**

## LOS HERMANOS
### CINTRÓN

FAMILIA, MINISTERIO,
MÚSICA Y LEGADO

# DIEGO REYNOLDS +
# SOFIA REYNOLDS

## padre e hija se unen para interpretar la canción "NOCHE PAZ"

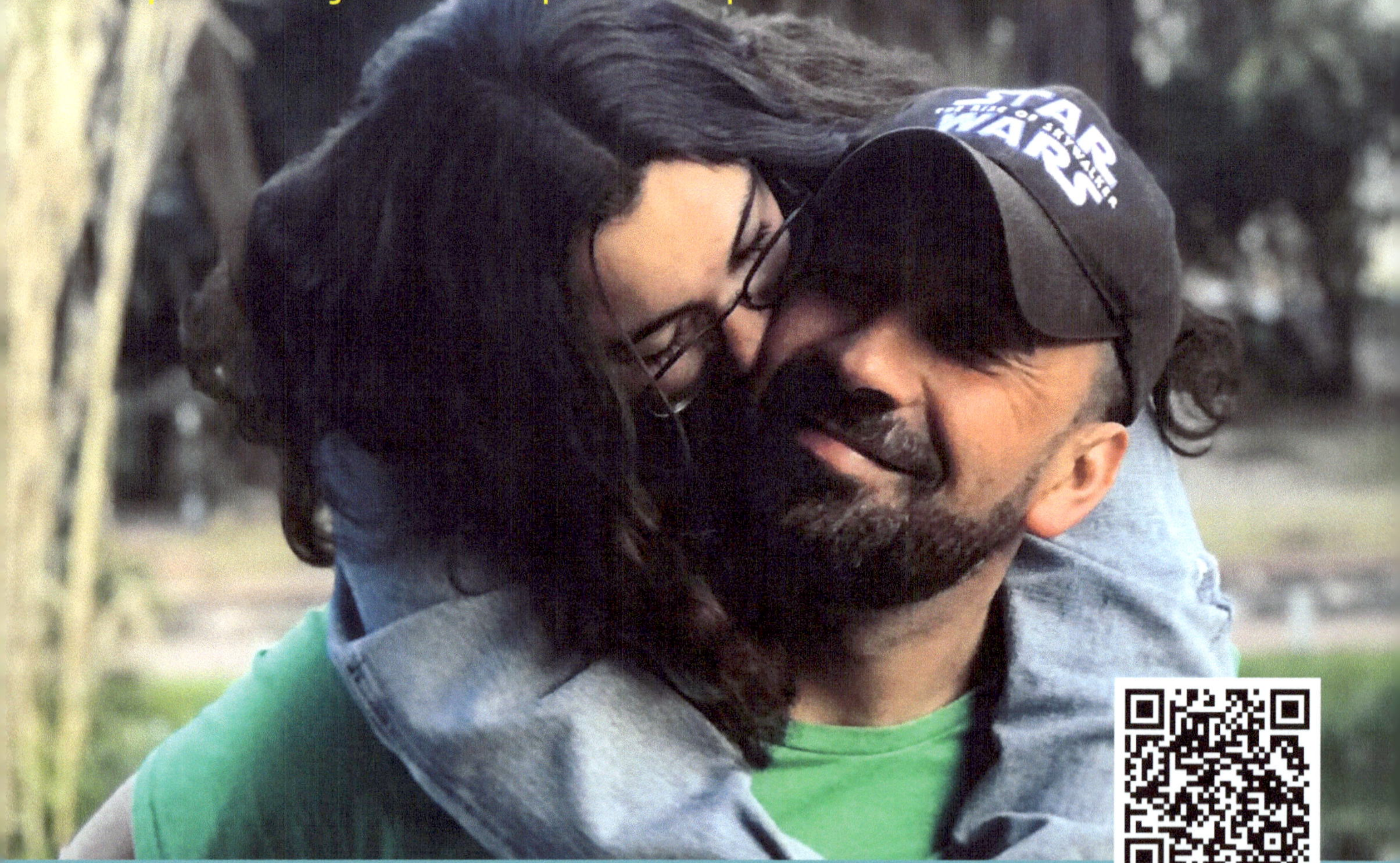

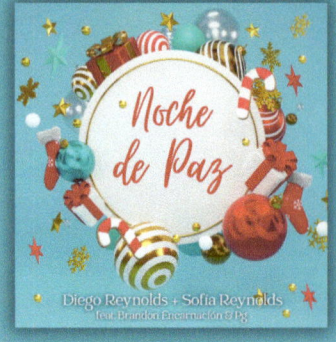

"Noche de Paz" cuenta además con la increíble colaboración de Brandon Encarnación, dándole un toque urbano a esta versión muy especial bajo la producción musical del maestro PG; productor y gerente general de LUDIBARRO GROUP USA y con la producción en beats de Gabriel Mederos; productor y artista de LUDIBARRO GROUP.

Por: LUDIBARRO GROUP para Ecomova Magazine
URUGUAY
Diciembre de 2023

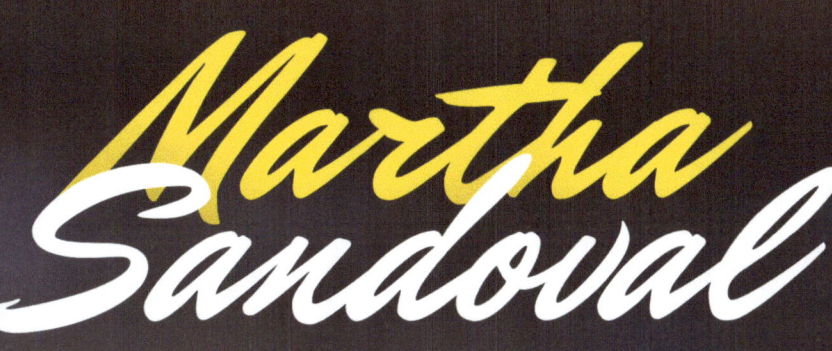

# Martha Sandoval

*Por: Juliette Abonía para Ecomova Magazine*
*Colombia*
*Diciembre 2023*

Esta Navidad llega cargada de música para adorar a nuestro Salvador y Martha Sandoval nos regala un concierto en vivo grabado junto a su banda en Real Street Studios desde Los Ángeles, CA.

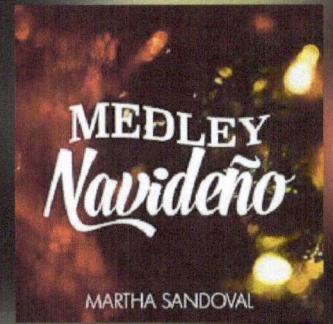

MEDLEY Navideño

MARTHA SANDOVAL

El concierto dura aproximadamente 15 minutos y contiene su más reciente Medley Navideño lanzado en todas las plataformas digitales el 10 de Noviembre del 2023. Este Medley es una recopilación de las canciones Navideñas más conocidas y cantadas de esta época. Escucharas canciones como Noche de Paz, Venid Fieles Todos, Gloria en las alturas & Ven a mi corazón oh Cristo. Además podemos escuchar canciones como "Dios con nosotros" & "Donde está el Rey" canciones de la autoría de Martha lanzadas anteriormente.

Este hermoso concierto cuenta con la participación de músicos extraordinarios y coristas excelentes del área de Los Ángeles, California que forman parte de la banda de Martha Sandoval. En el piano vemos a Khaleb Esquivel, Andy Salazar el director musical y guitarrista, en la batería Ricky Carranza y en el bajo, Iván Reyes. Kimberly Perez & Kelly Ramirez participaron como vocalistas de este gran proyecto. El concierto se puede visualizar en el canal de YouTube de Martha. Te invitamos a escucharlo y compartirlo con tus amigos y seres amados durante esta época del año tan especial.

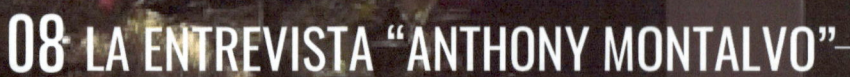

# ANTHONY MONTALVO

## comparte amor, mensaje y esperanza a través de esta entrevista

**La mayoría de las personas esta época de fin de año es muy significativa. Cuentenos que significa para usted y su familia**

Nosotros disfrutamos juntos como familia cada temporada del año, pero la navidad para nosotros es un momento muy especial, nuestros corazones rebosan con alegría porque tenemos mas tiempo para estar en familia, las expresiones de amor se intensifican en un cien por ciento, tomamos el tiempo de acordarnos de momentos muy únicos en familia y proyectamos juntos hacia nuestro futuro con nuestros planes estratégicos. La Navidad para nosotros es AMOR, PASION, AMISTAD, COMPARTIR, ALEGRIA y en algunasocasiones nostalgia y tristeza.

**¿Qué es lo más importante que como adoradores nunca debemos olvidar en esta temporada navideña?**

Como adoradoras nunca debemos olvidar AMAR. Amar a nuestro prójimo y a nosotros mismos, la expresión de amor de un adorador es la marca que Dios ha dejado en su corazón para que el mundo pueda ver y escuchar de todos los buenos cambios que han ocurrido en tu interior y la navidad es la época ideal para llevar este mensaje.

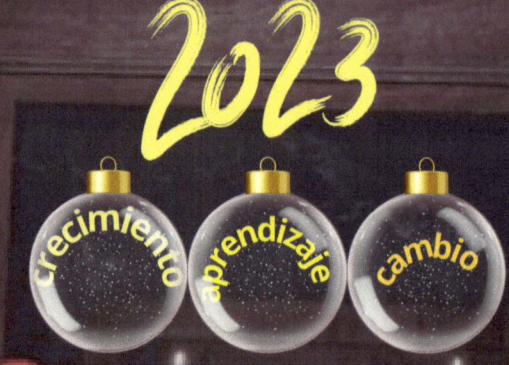

2023
crecimiento · aprendizaje · cambio

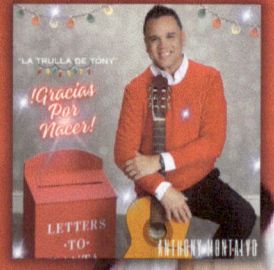

¡El mensaje principal es...ESPERANZA! Esta canción habla del momento del nacimiento de Jesús, cuando las promesas parecían que no se cumplirían, un anuncio se oye del cielo, diciendo; "No Teman, Les traigo nuevas que será de alegría para todos, hoy les ha nacido en el pueblo de David un salvador que es el Mesías el Señor" Lucas 2.10 este mensaje es para hombres, mujeres, niños y las familias que piensan que las oportunidades se les han agotado y que no hay salida alguna de las situaciones que los abruman.

**Estamos en navidad un tiempo de unión y esperanza, en las siguientes líneas: alguna persona que quisieras honrar**

Aprovecho este momento para honrar a quien fue el instrumento que Dios uso para traerme a este mundo, sin ella no hubiera conocido la luz, sin ella no hubiera visto un corazón integro y como se lucha con los pocos recursos que tienes para motivar y ayudar a adelantar a una familia hacia su propósito. Dia tras día la vi levantarse para ir a ganarse el pan y después de adulta con tres hijos un trabajo y un hogar que sostener la vi obtener su grado en secretaría con sacrificio, la vi pelear por nosotros cada día, nos enseñó a hacer siempre lo correcto y que siempre hiciéramos las cosas con integridad y pasión. Nos enseñó que caerse no era lo importante sino cuan rápido te levantas, sacudirte, mirar fijamente a la meta y decir aquí voy de nuevo. Me enseñó que nunca se pierde en la vida, sino que de todo se aprende. Me dijo, ama mucho, sonríe más, perdona rápido, has el bien y no mires a quién, así tendrás éxito en la vida y serás de influencia. En estas líneas honro a mi madre Ramona López.

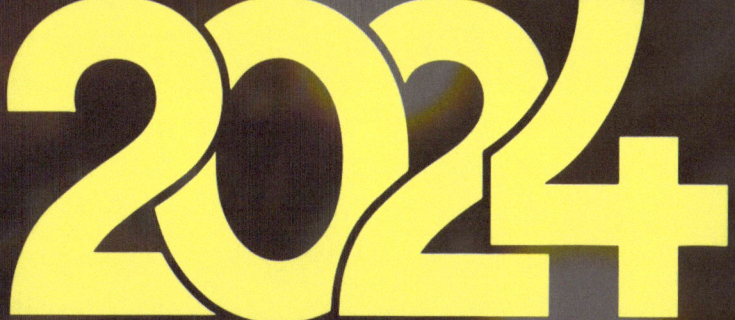

## PROYECTOS PARA TU
# 2024

2024 representa un plan de crecimiento exponencial en mi vida, continuaré ayudando y aportando en las corporaciones sin fines de lucro en las cuales participo, quisiera crear una beca para ayudar a niños y niñas que han sido víctimas de familias separadas por el maltrato y el divorcio conyugal, estaré iniciando estudios en lenguaje de señas, continuar con el desarrollo del libro devocional que he llevado en el corazón desde el 2022 y llevar al estudio de grabación los temas "Yo Declaro", "Dios Tan Grande", "Yo Te Alabo", "Jesús Ha Llegado" y una nueva canción navideña para el 2024.

*Por: Orlando Jiménez para Ecomova Magazine*
*Diciembre de 2023*

# MENSAJE *Lectores*

A todos los lectores de ECOMOVA MAGAZINE les expreso mis más sinceros deseos de prosperidad, amor y paz en esta navidad, que puedan encontrar las puertas abiertas de sus sueños y que las puedan atravesar con la sonrisa más amplia que jamás hayan tenido en sus rostros, nunca dejen de soñar, porque el que deja de soñar, deja de vivir, sigue viviendo con esperanza, pasión y expectativa, ustedes son los arquitectos de sus vidas, vivan como héroes y no como víctimas de su historia, están a punto de encontrarse con las oportunidades que han esperado por tanto tiempo, estén listos para luchar y alcanzar porque ustedes serán los que cambiaran el curso de su historia y la de sus generaciones. Creo en ustedes. Feliz 2024, los amo. Anthony

# RESCATE

## presenta nueva versión rock del sencillo navideño

Canción navideña que presentaron por primera vez en 2017. Ahora la agrupación ofrece una experiencia auditiva completamente diferente al fusionar nuevos estilos musicales bajo la voz del nuevo vocalista, Ezequiel Bauzá.

Hace cinco años Corazón pesebre fue interpretada por Ulises Eyherabide, quien hoy descansa en la presencia de Dios. Hoy su melodía suena nuevamente en la temporada decembrina con algo que Marcelo Tega, bajista, equipara a un «giro de tuerca».

*Por: HEAVEN MUSIC para Ecomova Magazine*
*Houston, Texas*
*Viernes 8 de diciembre de 2023*

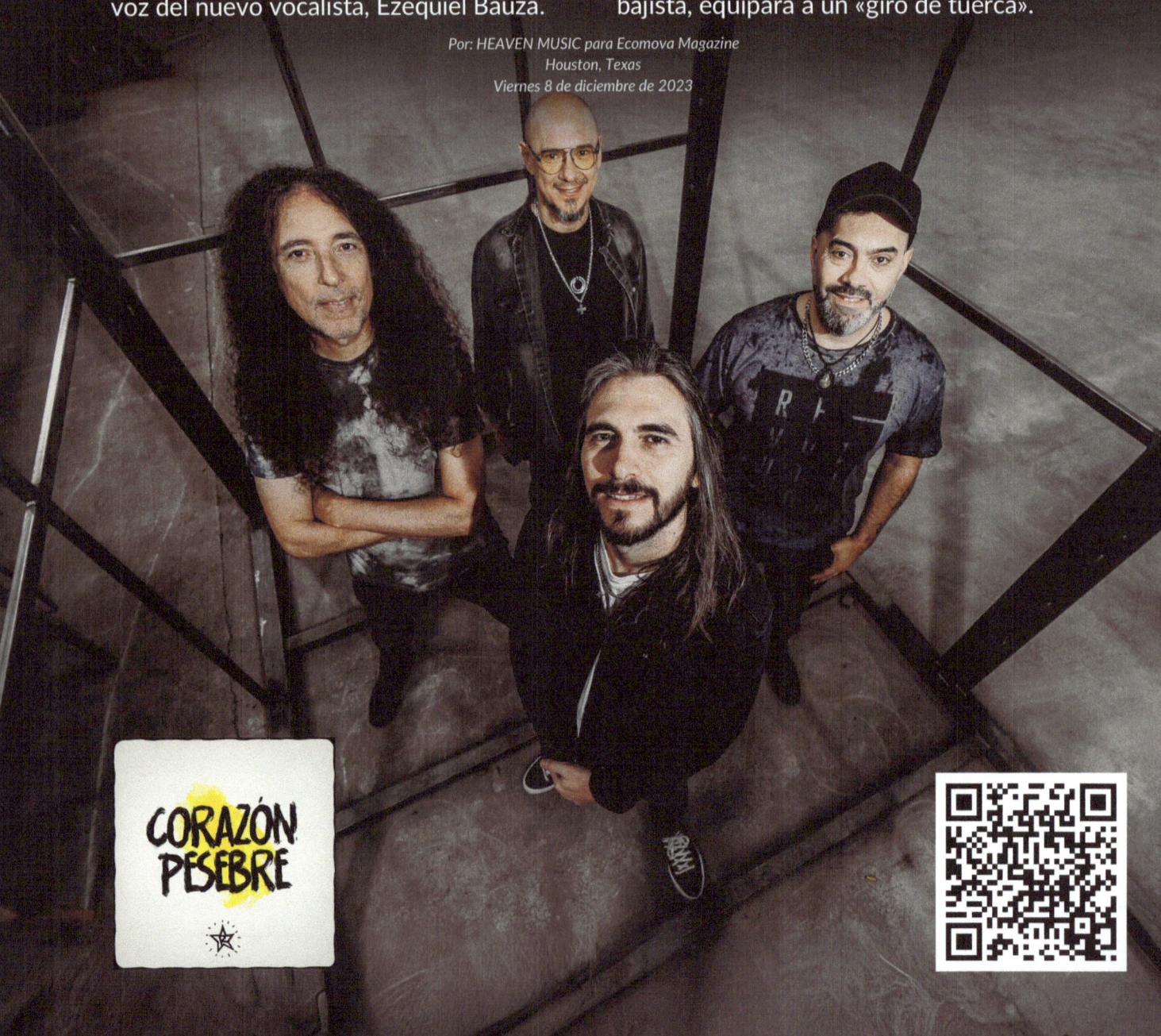

# Celebremos a Jesús esta Navidad.

## Felicidades!

www.coesmedia.com

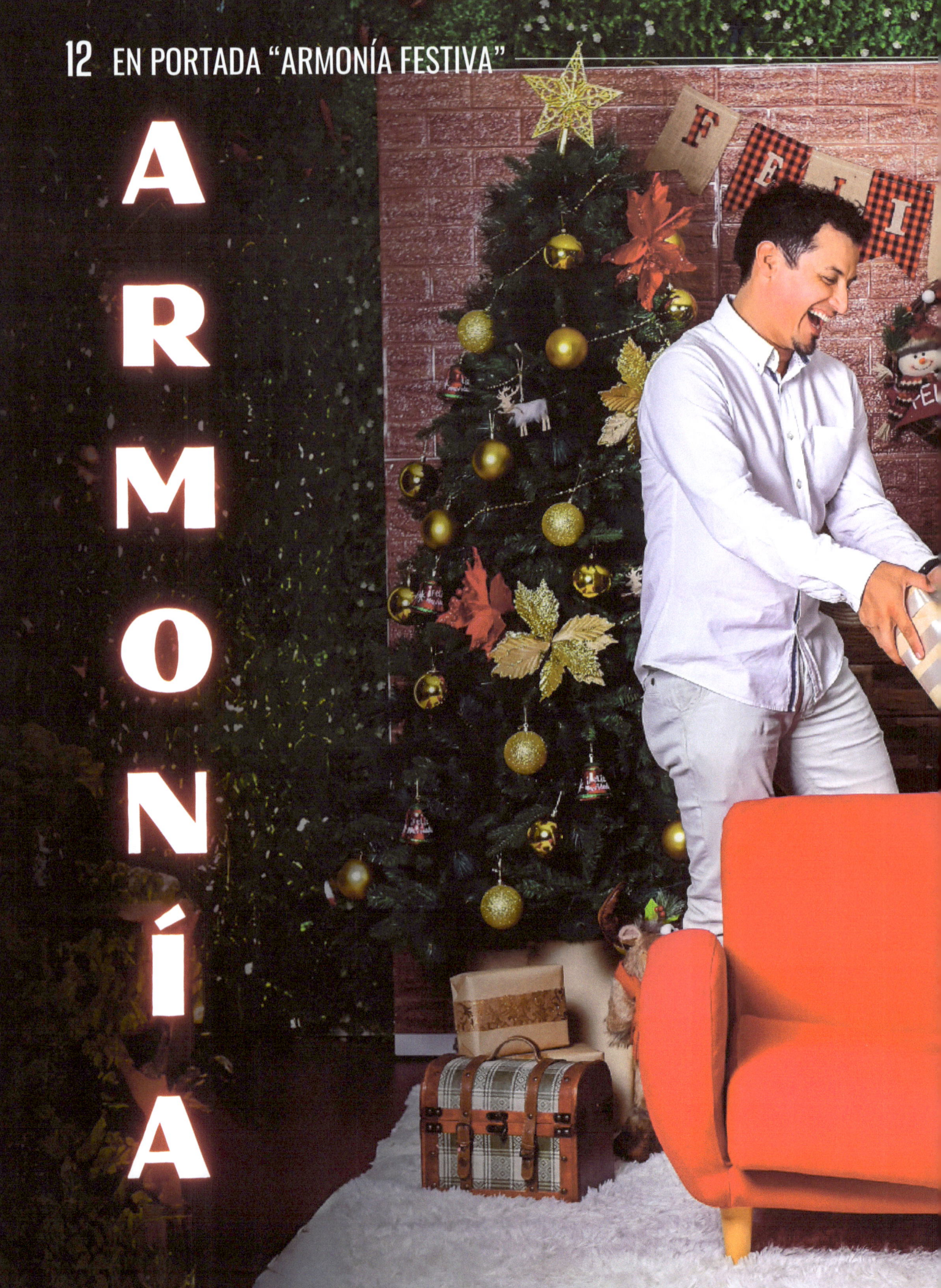

ARMONÍA

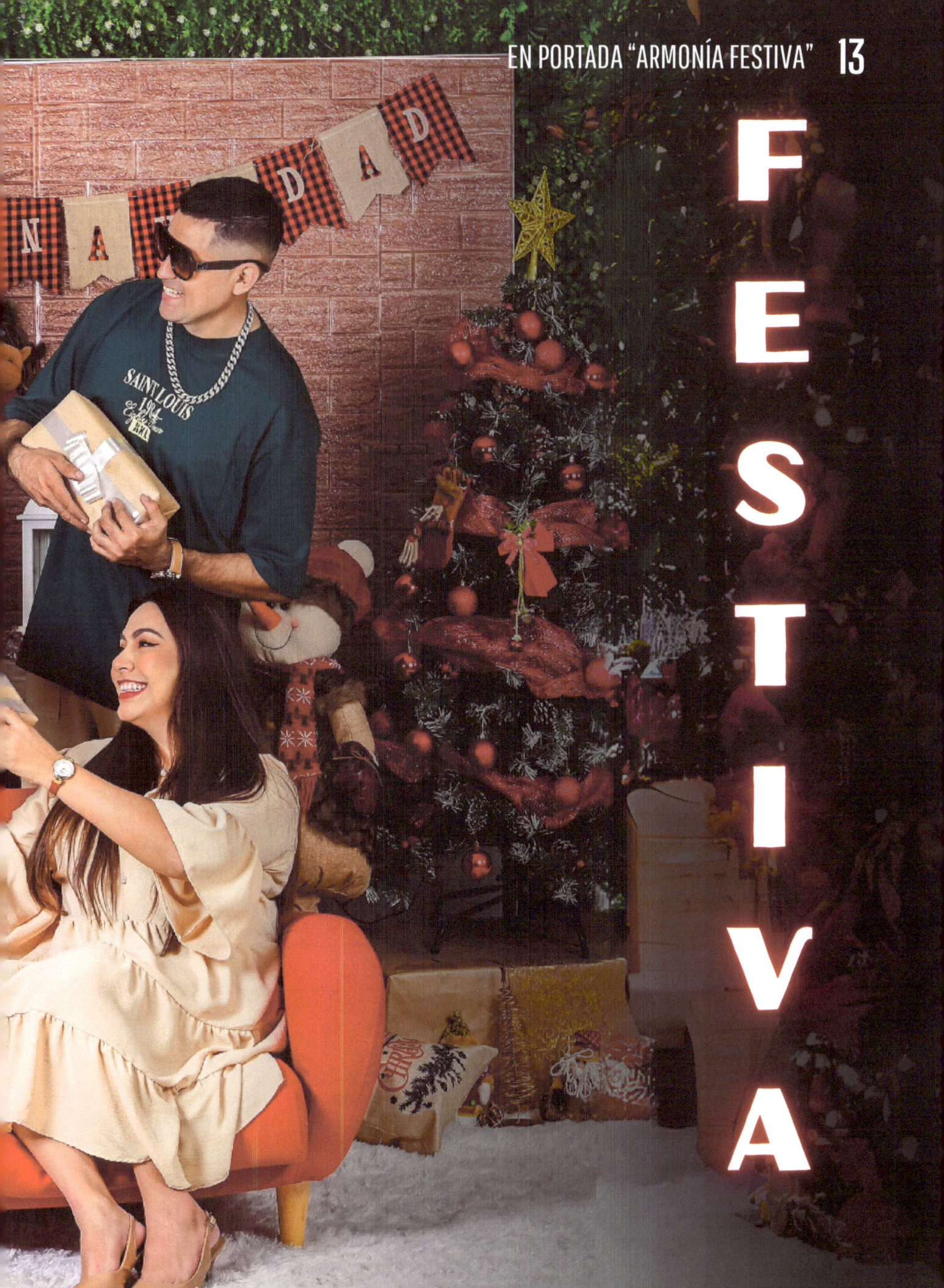

FESTIVA

# Lilibeth Temo

*Paz*

*No te avergüences de anunciar el evangelio, recuerda siempre mostrar a Cristo, Él es el centro de todo y como sus hijos somos dependientes de Dios, por lo tanto, busca depender de su reino para que fluya la presencia de nuestro Padre Celestial a través de tu vida.*

Su trayectoria como cantante comienza desde los 9 años en donde descubre que Dios le había otorgado el talento del canto, desde ahí empezó el incentivo por parte de su padre que la llevó a conocer y recorrer Bolivia, llevando en familia un mensaje de fé, esperanza y salvación; mostrando la fidelidad de Cristo en sus vidas como una familia de levitas, ya que todos cantan.

Su servicio a Dios la llevó a salir de Bolivia, visitando lugares como: Brasil, Chile, Argentina.

Al pasar del tiempo en el año 2017 como parte de su carrera musical como cantante solista, se lanza al concurso de Factor X Bolivia, en donde se hace conocer cómo La mensajera, ganándose al pueblo Boliviano y conquistando sus corazones con el tema de audición "Creo en mi", el tema que daba realce a su testimonio familiar perfilándose como un ejemplo de superación.

Al finalizar el programa llegó a ser finalista entre muchas voces de toda Bolivia.

Lilibeth dió a conocer su objetivo en el programa que era llevar un mensaje de esperanza y poner en lo más alto el nombre de Cristo, nunca negó su fe y se destacó parándose firme en lo que creía.

En el 2018 funda la escuela de música "Temo Music" preparando generaciones, que actualmente se encuentra en calidad de director.

En el 2023, sigue ejerciendo el ministerio en alabanza y adoración sirviendo en la congregación Dios con Nosotros, siendo partícipe del ministerio de alabanza.

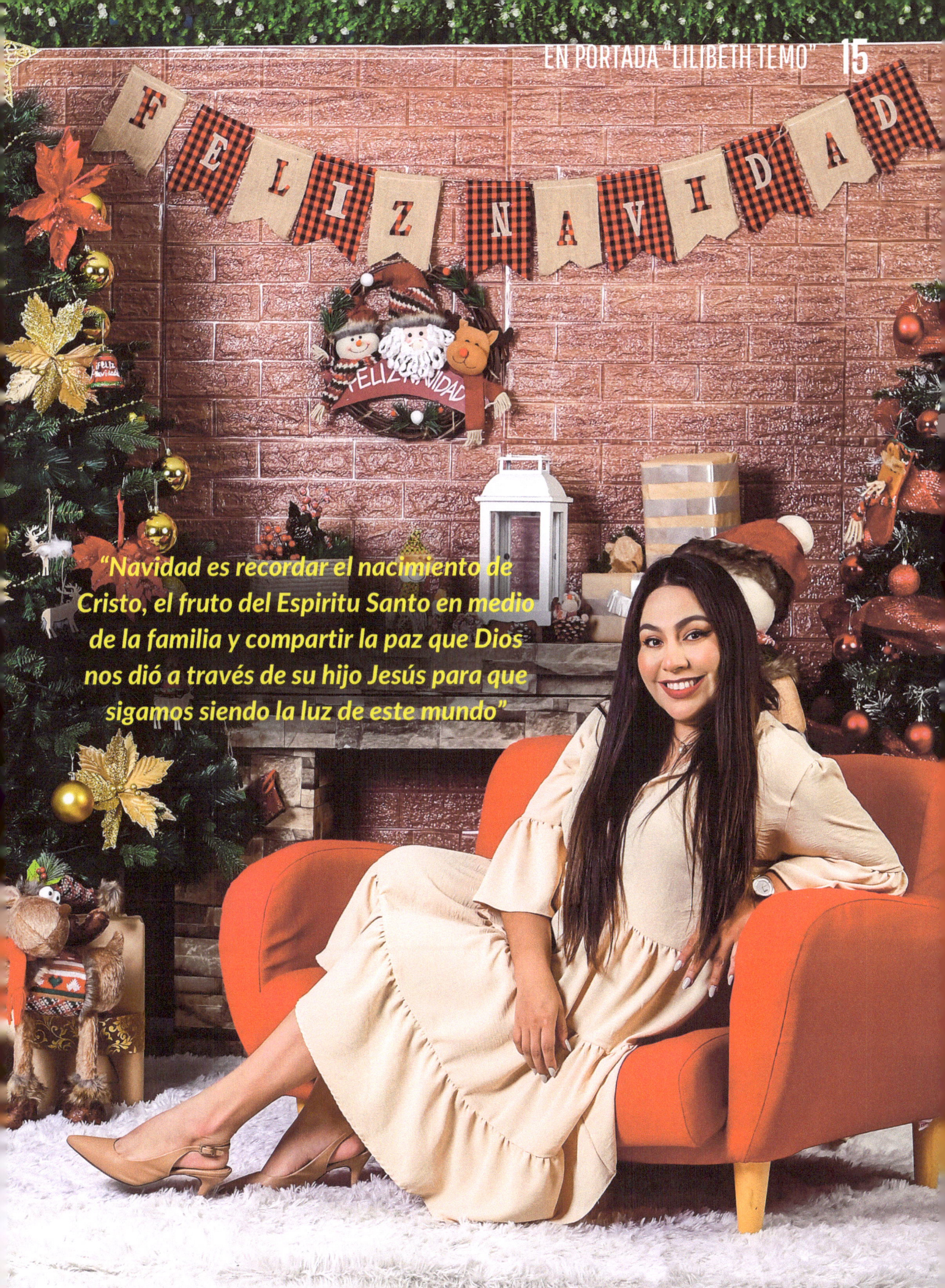

"*Navidad es recordar el nacimiento de Cristo, el fruto del Espiritu Santo en medio de la familia y compartir la paz que Dios nos dió a través de su hijo Jesús para que sigamos siendo la luz de este mundo*"

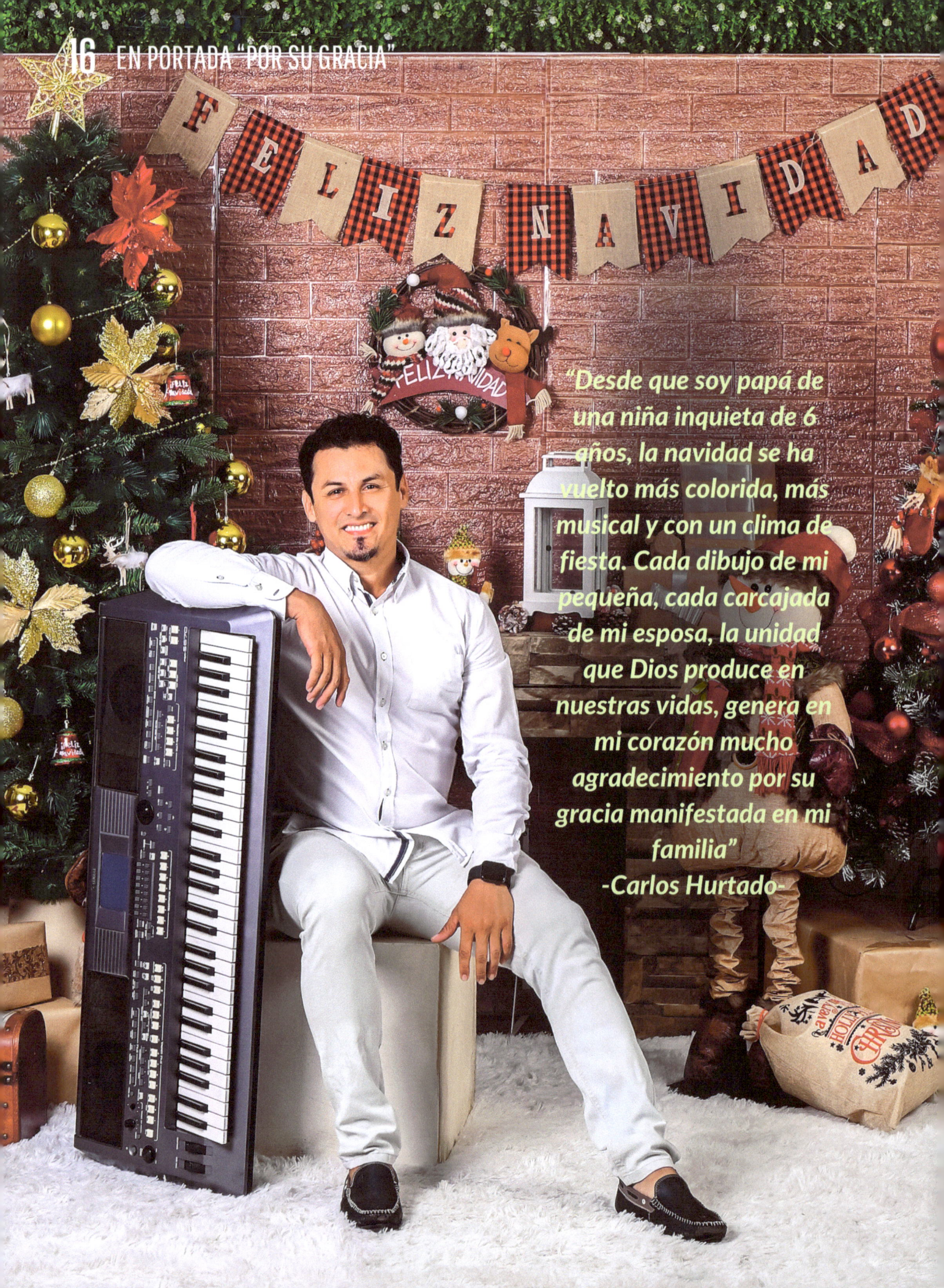

"Desde que soy papá de una niña inquieta de 6 años, la navidad se ha vuelto más colorida, más musical y con un clima de fiesta. Cada dibujo de mi pequeña, cada carcajada de mi esposa, la unidad que Dios produce en nuestras vidas, genera en mi corazón mucho agradecimiento por su gracia manifestada en mi familia"
-Carlos Hurtado-

# Por su Gracia

## CON CARLOS HURTADO

*"Vivir la vida en obediencia a la palabra de Dios genera amor, agradecimiento y permite ver la cosas que más tienen importancia en la vida; como lo es el trato con los seres que más amamos."*

Es la visión de este ministerio, Por su Gracia, llegar a ser hechos conforme a la imagen de Cristo, desarrollando una amistad profunda y diaria con el Señor que transforme sus pensamientos.

Esta semejanza en la imagen de Cristo es la que impulsa al ministerio a compartir la Palabra de Dios mediante la música, la cual puede ser utilizada por el Espíritu Santo para convencer a las personas de sus pecados, animarlas y restaurarlas.

Por su Gracia, tuvo diferentes presentaciones como ser en la iglesia Emaús, Casa de Oración Bolivia, Iglesia Bautista Sión, Iglesia Casa de Oración-Centro de Sanidad, Coliseo Colegio Bautista.

El ministerio ha sido ganador en los PREMIOS ECOMOVA 2021 como Mejor Grupo Musical del año 2021 y Mejor Álbum del año 2021.

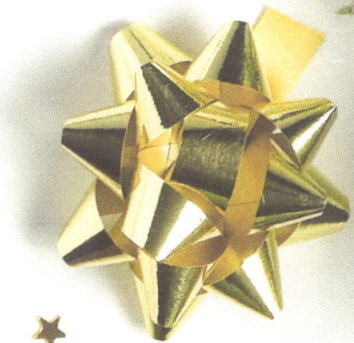

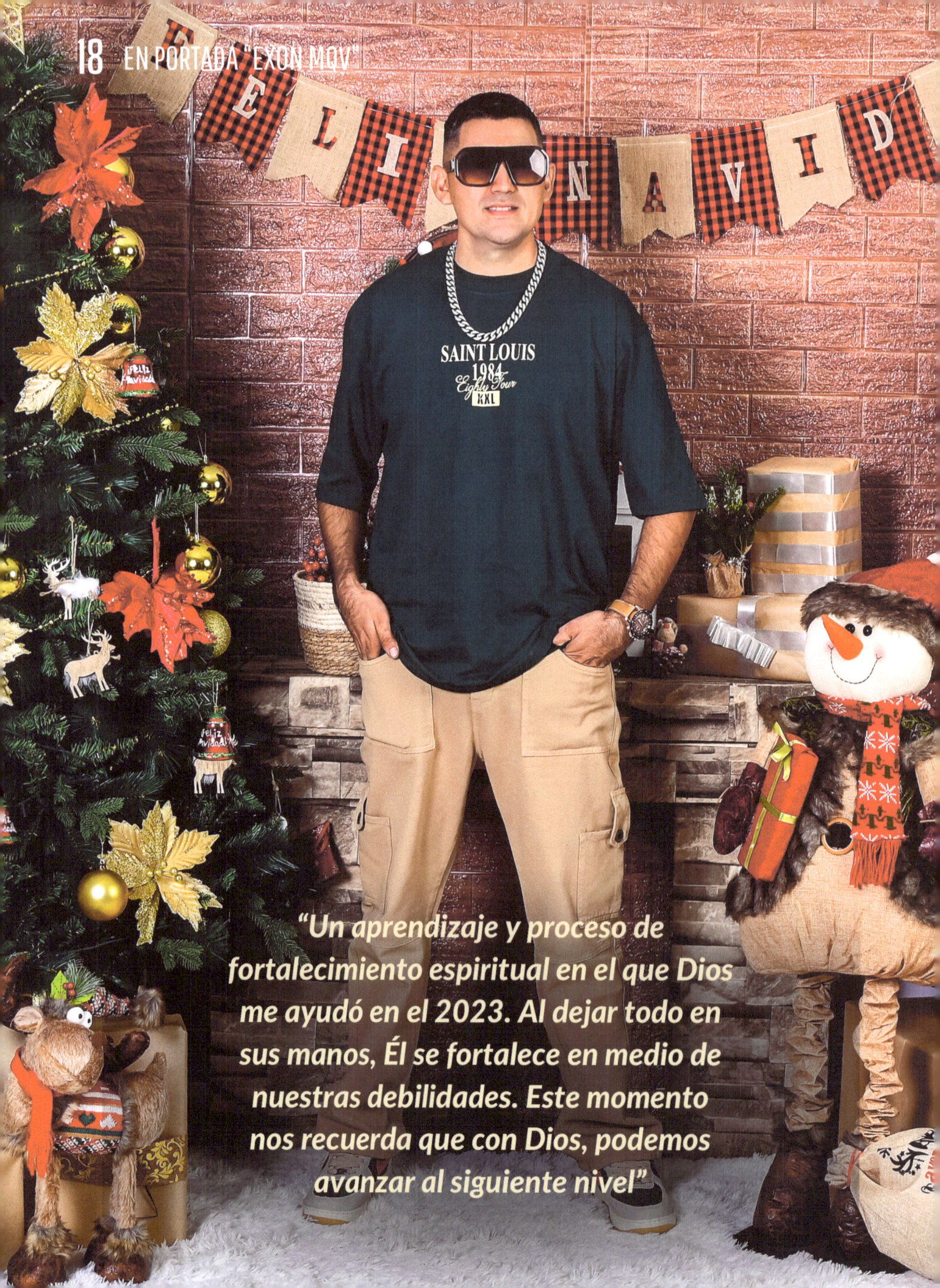

"Un aprendizaje y proceso de fortalecimiento espiritual en el que Dios me ayudó en el 2023. Al dejar todo en sus manos, Él se fortalece en medio de nuestras debilidades. Este momento nos recuerda que con Dios, podemos avanzar al siguiente nivel"

# EXON MQV

*"Trabaja en tus sueños y construyelos en realidad, usa tú fe para darles vida, porque la fe es lo único que mueve la mano de Dios"*

*Gratitud*

Nació en Santa Cruz de la Sierra, Bolivia el 26 de Marzo de 1987, inicia su carrera musical en el año 2004, como vocalista del grupo musical del genero urbano llamado "Conexión Urbana", donde realizo su primer material discográfico en el año 2008, logrando realizar giras a nivel nacional y abriendo conciertos como telonero de artistas del genero urbano secular como Daddy Yankee, Wisin y Yandel, Héctor "El Father" y Gocho. Donde obtuvo reconocimientos por medios de comunicación de su ciudad natal como grupo revelación del año (Radio Activa 91.9) y grupo revelación juvenil (El Deber). Participando también en eventos sociales como ser el miss Bolivia (2011) y en el escenario principal de la Fexpo-Cruz (2011).

En el año 2012 decide hacer una pausa en su carrera musical, ese mismo año es cuando decide seguir los caminos del Señor, dejando a un lado todos sus proyectos musicales para poder enfocarse en un cambio radical en su vida. A mediados del año 2017 es cuando recibe la confirmación de su llamado a ser un adorador y llevar el evangelio a través de la música, iniciando con una colaboración con el dúo "Bi-O" en el tema denominado "El Amor. Posteriormente lanzo su primer material discográfico "CONEXIÓN", un álbum con doce canciones, el cual le permitió poder realizar giras a nivel nacional y así como también en eventos y campamentos cristianos.

### YouVersion
# Versículo del año 2023

Así que no temas, porque yo estoy contigo; no te angusties, porque yo soy tu Dios. Te fortaleceré y te ayudaré; te sostendré con mi diestra victoriosa.

## ISAÍAS 41:10

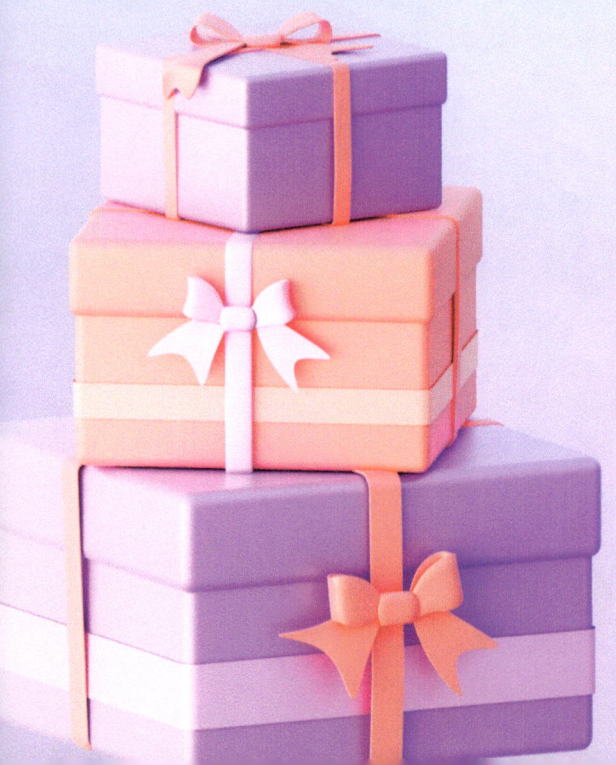

# Acerca de YouVersion

Este versículo ha sido seleccionado como el Versículo del Año de YouVersion en América Latina durante los últimos cuatro años, desde 2020. Además, se alinea con las necesidades manifestadas en las búsquedas más comunes dentro de la Aplicación en América Latina este año, ya que las personas recurrieron de manera constante a la Biblia en busca de respuestas sobre el amor, la esperanza y la ansiedad.

**"Desde una perspectiva global, todos hemos pasado por muchas cosas en los últimos años, así que no sorprende que la gente siga sintiéndose atraída por la esperanza y la paz prometidas en Isaías 41:10"**, dijo Bobby Gruenewald, Fundador y CEO de YouVersion. "Aunque hay mucho miedo y ansiedad en todo el mundo, creemos que la fe es la respuesta, y es alentador ver que las personas sigan aferrándose a Dios y a Su Palabra en sus momentos de mayor necesidad".

"Nuestra visión es llevar la Palabra de Dios a todos, en todas partes, todos los días, y sabemos que no podemos hacerlo solos", dijo Gruenewald. "Más que nunca, estamos viendo que la Iglesia global se unifica en torno a la Palabra de Dios, y es emocionante pensar que muchas más personas se acercarán a Dios debido a la pasión y el compromiso de nuestros socios para trabajar juntos".

Creada por Life.Church, YouVersion diseña experiencias gratuitas centradas en la Biblia que animan y desafían a las personas a buscar a Dios a lo largo de cada día. La Familia de Aplicaciones de YouVersion, que incluye la Bible App, la Bible App Lite y la Bible App para Niños, se han instalado en más de 725 millones de dispositivos en todo el mundo. La Bible App ofrece una experiencia bíblica en más de 2,000 idiomas y ayuda a las personas a profundizar en su relación con Dios. La Bible App Lite está optimizada para su uso sin conexión y ayuda a las personas a acceder a la Palabra de Dios en regiones con limitaciones de dispositivos y datos. Desarrollada en colaboración con OneHope, la Bible App para Niños está disponible en 69 idiomas, incluidos español y portugués, y ayuda a los niños a relacionarse con la Biblia a través de animaciones interactivas y actividades divertidas. Para obtener más información sobre YouVersion, visita youversion.com.

*Comparte el mensaje de esperanza y salvación*

*Descarga la Aplicación*

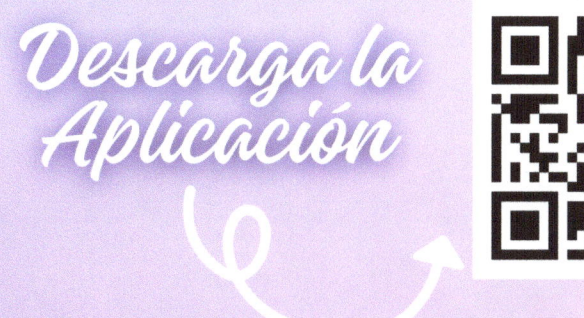

# ES NAVIDAD LIVING

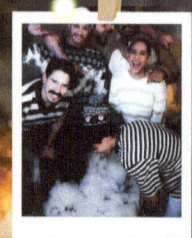 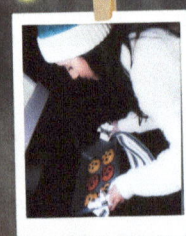 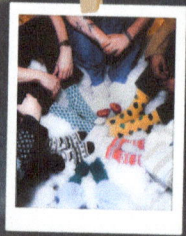 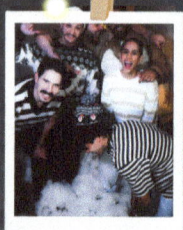 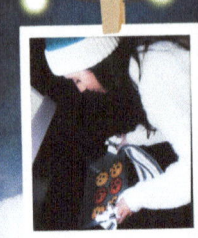 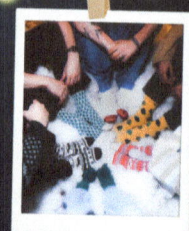

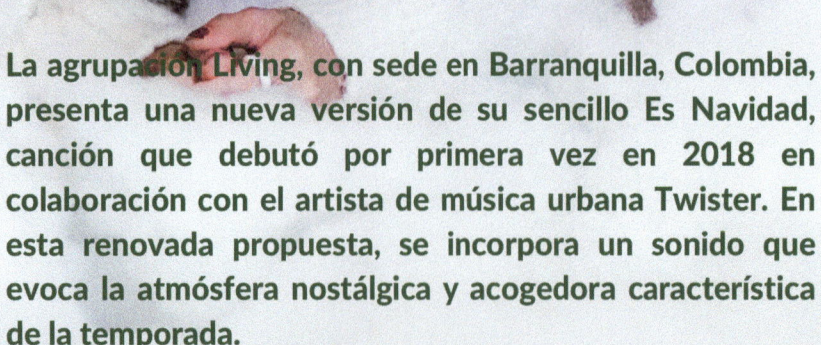

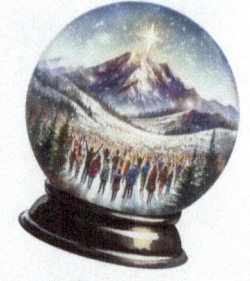

La agrupación Living, con sede en Barranquilla, Colombia, presenta una nueva versión de su sencillo Es Navidad, canción que debutó por primera vez en 2018 en colaboración con el artista de música urbana Twister. En esta renovada propuesta, se incorpora un sonido que evoca la atmósfera nostálgica y acogedora característica de la temporada.

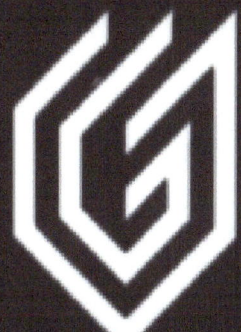

# THE MASTER CLASS

Por: Gabriel Gallego para Ecomova Magazine
McAllen, Texas, Estado Unidos
Octubre 2023

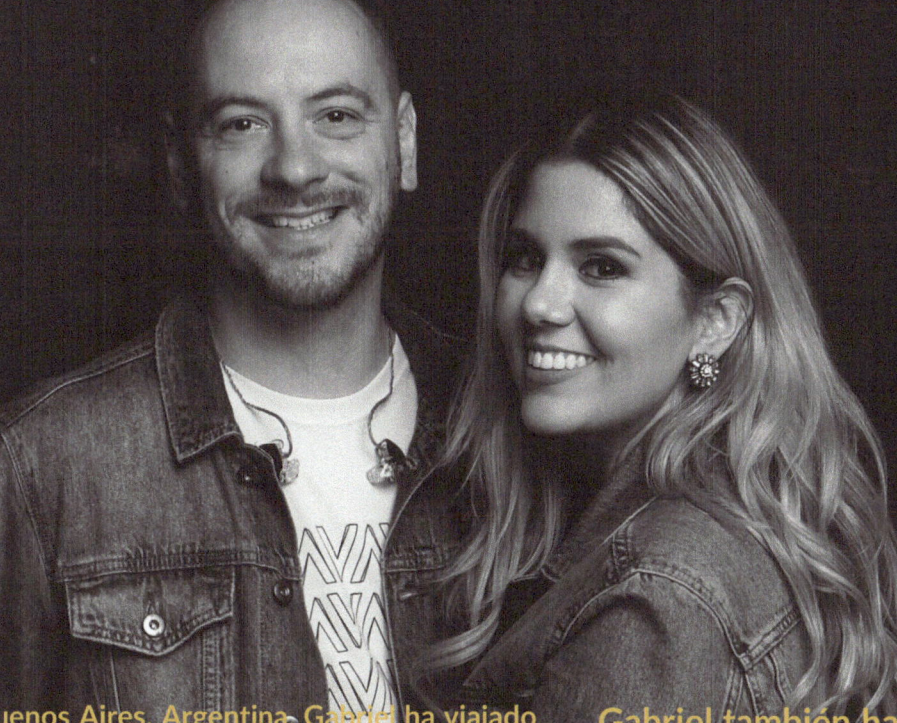

Originario de Buenos Aires, Argentina, Gabriel ha viajado por más de 20 años por diferentes países del mundo ministrando con la música y la Palabra. Su formación musical lo llevo a ser pianista por varios años de Marcos Witt y director musical de Marco Barrientos, al igual que trabajar con tantos otros ministerios reconocidos en el área de la alabanza y adoración, no solo como pianista sino también como productor.

Su pasión por formar músicos y adoradores con el carácter de Cristo, ha hecho que trabaje incansablemente en el desarrollo de varios proyectos de educación musical. Después de ser director del Instituto CanZion por más de 8 años en diferentes ciudades de los Estados Unidos, Gabriel fundó el Instituto VidaMusik en el 2011, el cual ha entrenado a más de mil adoradores que sirven activamente en sus iglesias locales. En el 2016, fundó y colaboró en el desarrollo de Aliento Music School, al lado de Marco Barrientos.

Gabriel también ha ejercido el llamado pastoral en diversas congregaciones de los Estados Unidos y Argentina. En los últimos años, formó parte del equipo pastoral de Aliento en Dallas, Texas, iglesia fundada por Marco y Carla Barrientos. Actualmente, Gabriel sirve en su iglesia local como pastor de alabanza y radica en la ciudad de McAllen, Texas, junto a su esposa Anneth y sus hijos Santiago y Elena.

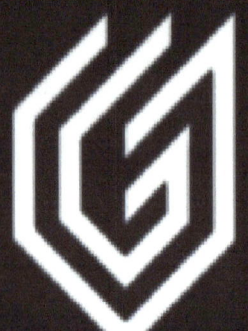

# DESCUBRE TUS DONES

*Por: Gabriel Gallego para Ecomova Magazine*
*McAllen, Texas, Estado Unidos*
*Octubre 2023*

*"Por cuanto nosotros mismos hemos sido moldeados en todas estas partes, excelentemente formadas (...) sigamos adelante y seamos aquello para lo que fuimos creados" (Romanos 12:5, PAR).*

**La mejor manera de descubrir tus dones y habilidades es experimentando en las diferentes áreas de servicio.**

### ¿Cuál es mi llamado?

Hay preguntas que se responden mejor haciendo otras preguntas:

- ¿Qué me apasiona?
- ¿Qué cosas disfruto hacer?
- ¿Cuándo me siento con más energía en el ministerio?
- ¿En qué cosas usualmente me piden ayuda?
- ¿Cuáles son mis pasatiempos favoritos?
- ¿Qué pude estudiar y que cosas he aprendido?
- ¿Qué experiencias de mi vida Dios puede usar?
- ¿Dónde he visto frutos en mi vida que otras personas puedan confirmarlos?
- ¿En qué he visto que soy exitoso?

### 3 TIPS PRACTICOS

1. Hasta que realmente no te involucres en el servicio, no sabrás para qué eres bueno.

2. Descubre tus dones involucrándote en el ministerio.

3. Si no funciona, llámalo "experimento", no fracaso.

Pablo aconsejó: *"Haz una exploración cuidadosa de quién eres y el trabajo que estás haciendo para que entonces te sumerjas en él" (Gálatas 6:4b, PAR).*

## BUENAS NOTICIAS

*Porque irrevocables son los dones y el llamamiento de Dios.*
*Romanos 11:29*

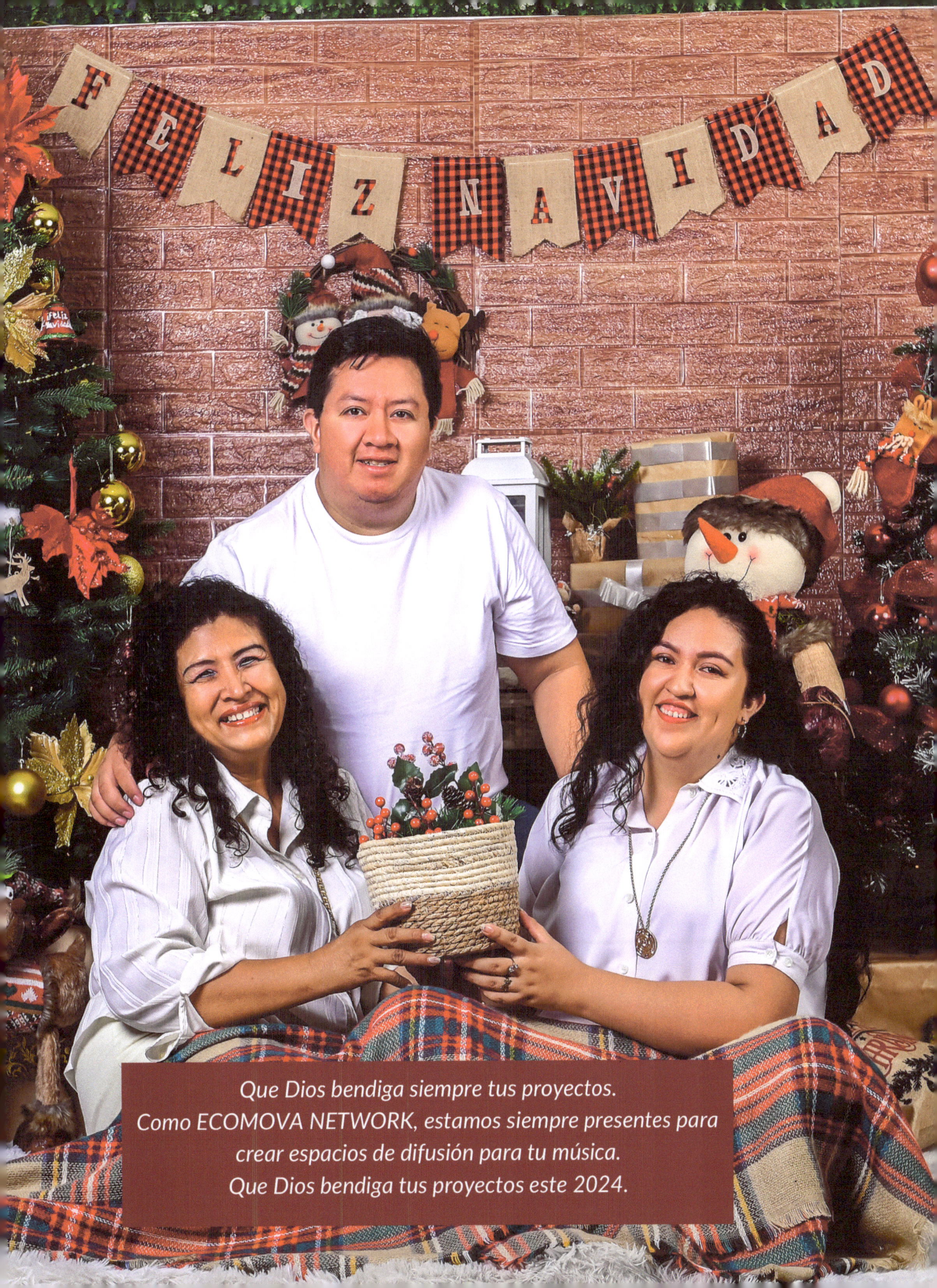

Que Dios bendiga siempre tus proyectos.
Como ECOMOVA NETWORK, estamos siempre presentes para
crear espacios de difusión para tu música.
Que Dios bendiga tus proyectos este 2024.

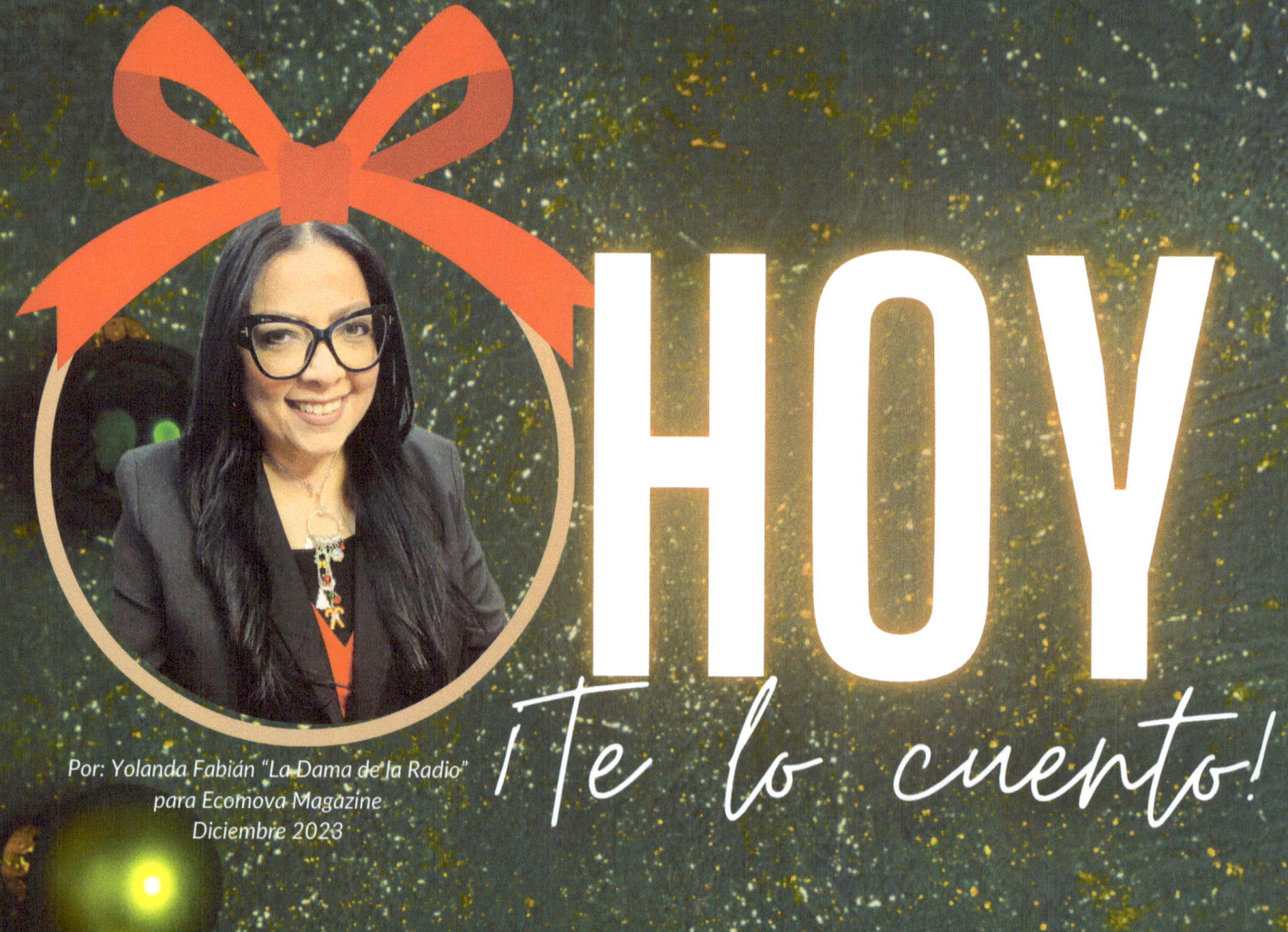

# HOY
## ¡Te lo cuento!

Por: Yolanda Fabián "La Dama de la Radio"
para Ecomova Magazine
Diciembre 2023

## EL REGALO SUPREMO DE LA NAVIDAD

"Nuestra visión es llevar la Palabra de Dios a todos, en todas partes, todos los días, y sabemos que no podemos hacerlo solos", dijo Gruenewald. "Más que nunca, estamos viendo que la Iglesia global se unifica en torno a la Palabra de Dios, y es emocionante pensar que muchas más personas se acercarán a Dios debido a la pasión y el compromiso de nuestros socios para trabajar juntos".

El verso bíblico que resuena con la esencia del regalo supremo es Juan 3:16: "Porque de tal manera amó Dios al mundo, que ha dado a su Hijo unigénito, para que todo aquel que en él cree no se pierda, sino que tenga vida eterna". Este verso muestra la esencia del espíritu navideño al recordarnos el regalo más grande y significativo que la humanidad ha recibido: la llegada de Jesucristo, el Hijo de Dios.

La Navidad no es solo un momento para intercambiar regalos materiales; es también un periodo propicio para reflexionar sobre el regalo divino que cambió el curso de la historia.

El nacimiento de Jesús representa el amor incondicional de Dios por la humanidad, manifestado en la forma más pura y humilde. El regalo de Jesús trajo consigo esperanza y salvación, junto con el mensaje eterno de amor y redención.

En un mundo donde a menudo nos perdemos entre los regalos tangibles, la historia de la Natividad nos invita a recordar que el regalo más valioso no se encuentra bajo un árbol de Navidad, sino en la gracia divina que se nos ha otorgado.

Jesús vino al mundo como la encarnación del amor divino, y su presencia trajo consigo la promesa de una vida eterna y redimida para aquellos que creen en él.

El regalo de Jesús nos anima a imitar su compasión y a buscar maneras de hacer una diferencia en la vida de quienes nos rodean. En lugar de enfocarnos únicamente en los presentes materiales, podemos buscar maneras de ser un regalo para los demás, extendiendo la gracia y el amor que recibimos a través de Jesucristo.

Inspiremos nuestra alegría y generosidad no solo en el intercambio de regalos materiales, sino en la extensión del amor y la gracia que hemos recibido a través de Jesucristo. Siguiendo el ejemplo de Jesús, busquemos oportunidades para ser un regalo para los demás: mostrando compasión, brindando apoyo y compartiendo la esperanza que la historia de la Natividad nos ofrece.

Al reflexionar sobre el regalo supremo de la Navidad, recordemos que la verdadera celebración va más allá de las festividades temporales; implica una transformación continua de nuestras vidas. Podemos aplicar los principios de amor incondicional, redención y compasión en nuestras interacciones diarias, construyendo así un mundo donde la esencia misma de la Navidad perdure durante todo el año.

Que esta temporada no solo sea un momento de celebración, sino también un período de renovación espiritual y compromiso para vivir según los principios que Jesús nos enseñó. Que la eterna luz de Jesús te acompañe en esta temporada, en el nuevo año y siempre. Que el Señor te bendiga y te guarde.

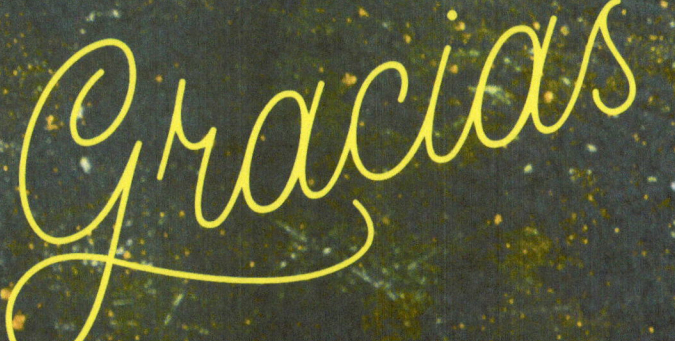

# Los Hermanos Cintrón

### por: Carlos Cintrón

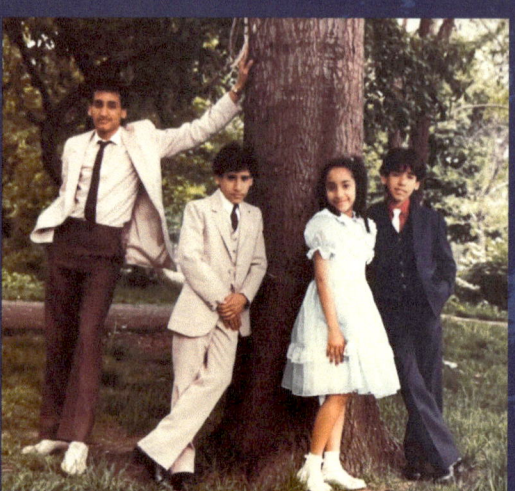

*Soy Carlos Cintron el segundo de los cuatro. Cuando empezamos los 4, yo solo era el arreglista del grupo, también el bajista y solo cantaba de coro.*
*No me gustaba cantar, era tímido ademas no me gustaba mi voz.*

**Ustedes que acompañaron a sus padres en el ministerio, ¿Cuál era el repertorio básico de canciones en sus inicios en las campañas evangelísticas?**

*Yo Recuerdo que al principio, cantábamos cánticos que usualmente usaban en las iglesias, luego mi hermano mayor Samuel Cintrón Jr. desde una temprana edad empezó a escribir canciones que luego después de mas de 20 años de ser escritas grabamos algunas como: Alguien me Toca / Pedro / Somos Hermanos y muchas mas.*

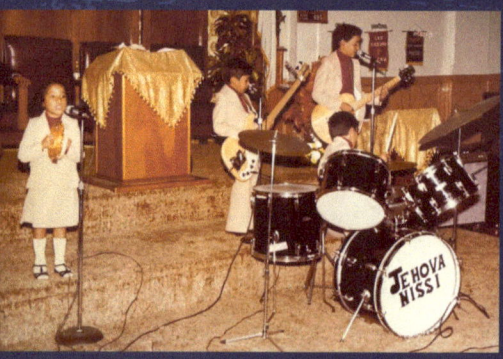

**Un caminar ministerial y musical necesita pilares firmes, menciónanos sus tres pilares fundamentales al momento de avanzar ministerialmente en la música**

1. *Mis padres, siempre siendo un ejemplo verdadero en el hogar. Ellos verdaderamente eran cristianos en la casa como lo fueron en la calle, entre familia, amigos trabajo e iglesia.*
2. *Experiencias con Dios. Vimos milagros, vimos como Dios se movía en los servicios (cultos), veíamos como Dios nos dirigía en todo los planes de familia y vida individual. Nadie me puede quitar esas experiencias entre Dios y yo.*
3. *Buena relación entre la familia. Todos tenian ideas para lo que íbamos hacer. Todas las ideas eran importante y validas. Tenemos mucho respeto el uno al otro.*

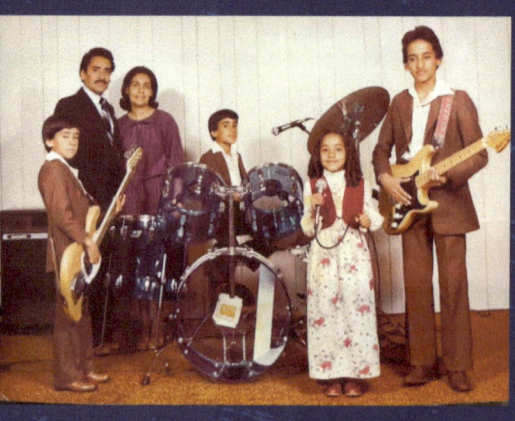

**¿Hubo una barrera o distinción en lo que respecta a lo ministerial/familiar?**

*En mi parte, Lo único que me molestaba en la parte de ministerio era que el concilio era y sigue siendo muy conservador. Yo no cuadraba con eso. Pero seguí las reglas de mi hogar hasta que me case. Tuve una conversación con mi padre, le dije "cuando me case no seguiré en el concilio por algunas cosas, pero seguiré en la iglesia como siempre". Mi padre me dio la bendición y me dijo, que donde quiera que yo vaya, iba ser de bendición. (que alivio)*

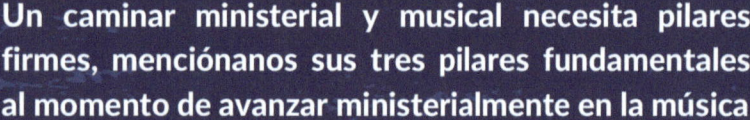

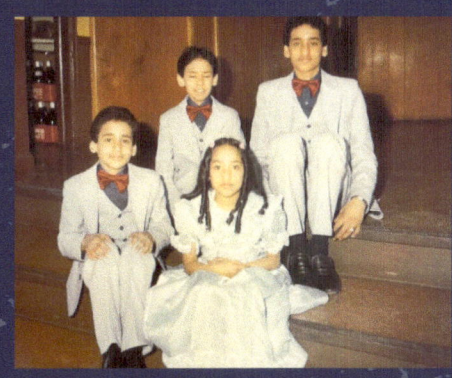

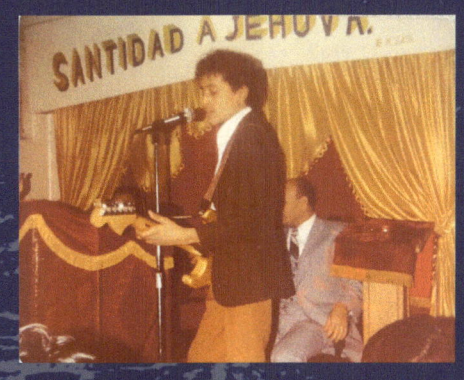

## Carlos nos cuenta 2 momentos difíciles que pasaron como banda

1. *Tuvimos un accidente automovilístico en Guatemala , donde mi madre estaba como muerta con 3 costillas rotas y sin conocimiento, mi hermana Teresa esta viva de milagro, ya que un pastor que iba con nosotros cuando vio que el carro venia en rumbo, él la tiro debajo y solo se rompió el fémur y otras heridas. El pastor que le salvo la vida a Teresa, murió por causa del accidente. Omar y Samuel Jr tuvieron heridas superficiales que necesitaban con urgencia atención medica. Yo en otra parte no me hice nada...Gracias a Dios. (el mas lindo, jajajaja)*

2. *Cuando mis padres aceptaron la posición como Lideres conciliares en Puerto Rico, mi hermano mayor Samuel Jr. se quedó en New Jersey, ya que se había casado. Al llegar a Puerto Rico, pensé que el grupo ya había terminado su jornada. Pero en la mudanza, tome el liderazgo del grupo, escribiendo canciones, donde luego empezamos la nueva temporada de los Cintrón pero ahora Omar, Teresa y Carlos.*

## Dos anécdotas en exclusiva para nuestros lectores

- *Tenemos tantas anécdotas, recuerdo después de salir de un servicio cuando ya nuestro carro había empezado a moverse. Teníamos muchas fans, cuando salimos en el pick up truck, nos estábamos despidiendo de las chicas y una de ellas agarro la corbata de mi hermano Sam y no lo soltaba. Yo tuve que tomar carta sobre el asunto y darle un cantazo a la nena para que lo soltara. Así que yo le salve la vida a mi hermano Sam (me debes una!!!) jajajaja. (si estas leyendo esto y fuiste tu a quien le di el cantazo... Perdóname). jajaja*

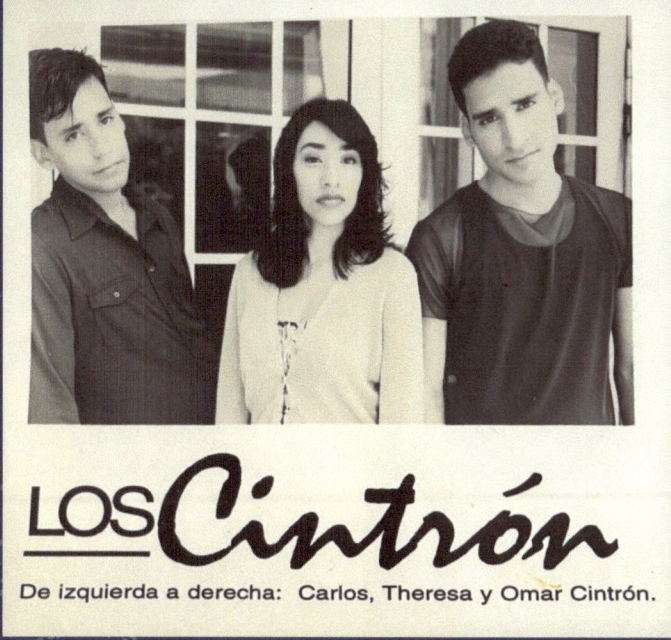

De izquierda a derecha: Carlos, Theresa y Omar Cintrón.

- *Otra vez después de un servicio de fuego. Estábamos preparándonos para salir y una nena me dice que me quería dar un regalo. Le extendí la mano para que me lo diera y me dijo que me lo quería dar afuera. Pues, salí y cuando extendí mi mano nuevamente, ella me dijo que cerrara los ojos... cuando los cerré.. me dio un beso. Lamentablemente un hermano de la iglesia nos vio... y me dijo " ustedes vienen a cantar a nuestra iglesia para besuquearse con las nenas?". yo llorando le dije "NOOOOOOO" no es mi culpa, yo caí en la trampa... le pedi que no le dijera nada a mi papá.... Creo que si mi papá esta leyendo esto....se acaba de enterar... :)*

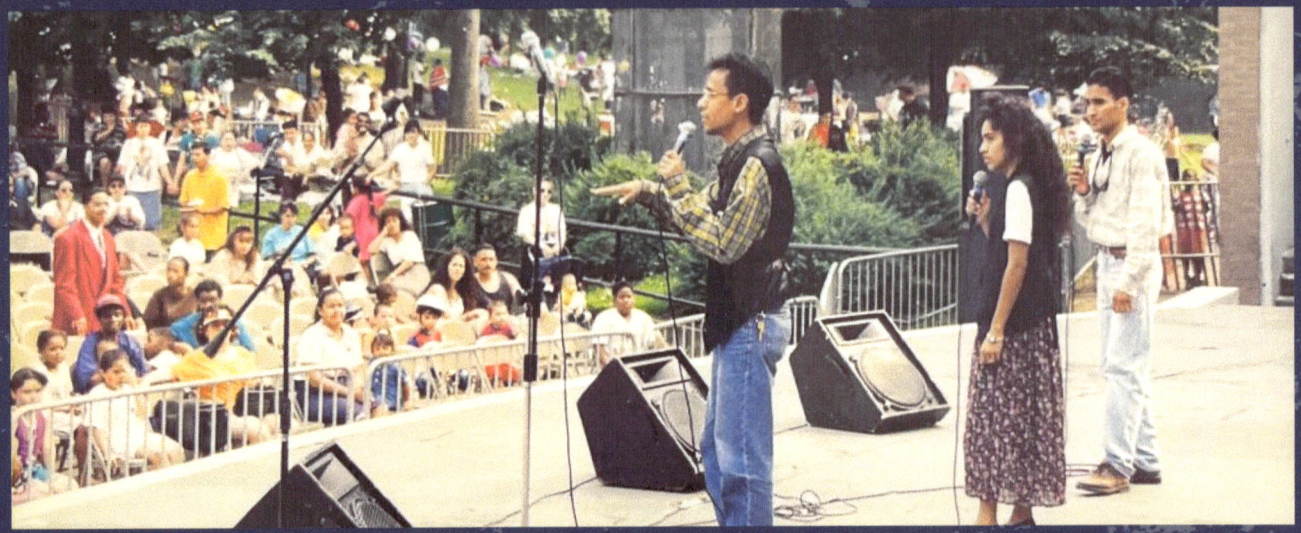

**¿Cuál ha sido el proceso creativo que se seguía al momento de componer o hacer arreglos de las canciones?**

*Yo escuchaba mucha música americana y haciendo eso me inspiraba y me mejoraba como musico. Como escritor, aveces en la ducha cantando me inspiraba y tenia que terminar y dejar de bañarme para poder escribir la canción antes que se me olvidaba. En esos tiempos no teníamos los equipos que usamos hoy en día como los celulares inteligentes.*

**¿Qué lecciones han aprendido como familia y músicos a lo largo de su carrera?**

*Aprendi que la familia es primero. Aprendi que si nosotros queremos que nuestros hijos amen a Dios, nosotros tenemos que amar a Dios primero. Aprendi que el ministerio no es mas importante que la familia. Es por eso que fuimos bendecidos por Dios.*

**Considerarían unir sus voces nuevamente en una nueva producción**

*Digo como dice un cantante "never say never". Creo que Dios pondrá las fichas en su sitio y cuando El lo desee, así será.*

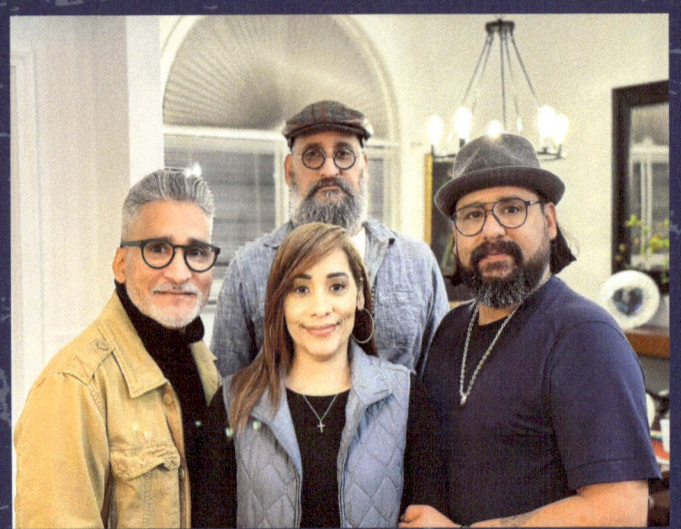

**Pórtense bien, sean ejemplos en casa *primero, antes de predicar con tus palabras, prediquen con sus vidas. A veces queremos salvar al mundo, mientras nuestro mundo (familiares) se pierden.***
*-Carlos Cintrón-*

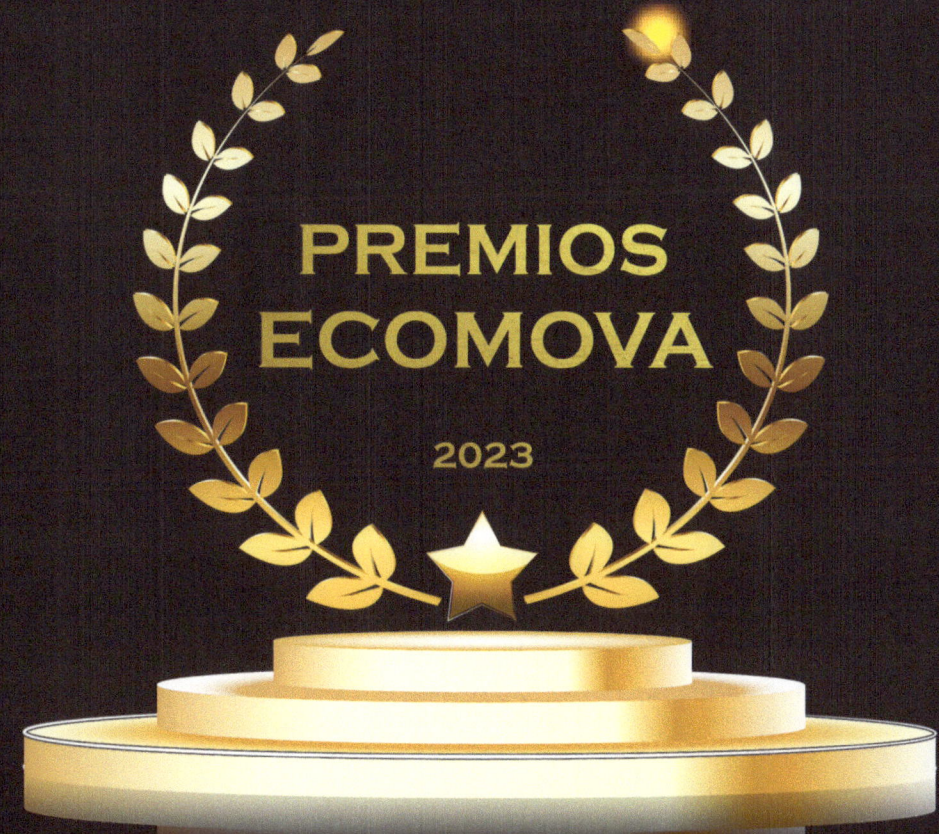

PREMIOS
ECOMOVA

2023

**21 de DICIEMBRE**

SANTA CRUZ - BOLIVIA

# ECOMOVA
## MAGAZINE

**GANADORES DE LA CATEGORIA "MEJOR MEDIO DIGITAL IMPRESO DEL AÑO 2023"**
**PRAISE MUSIC AWARDS**

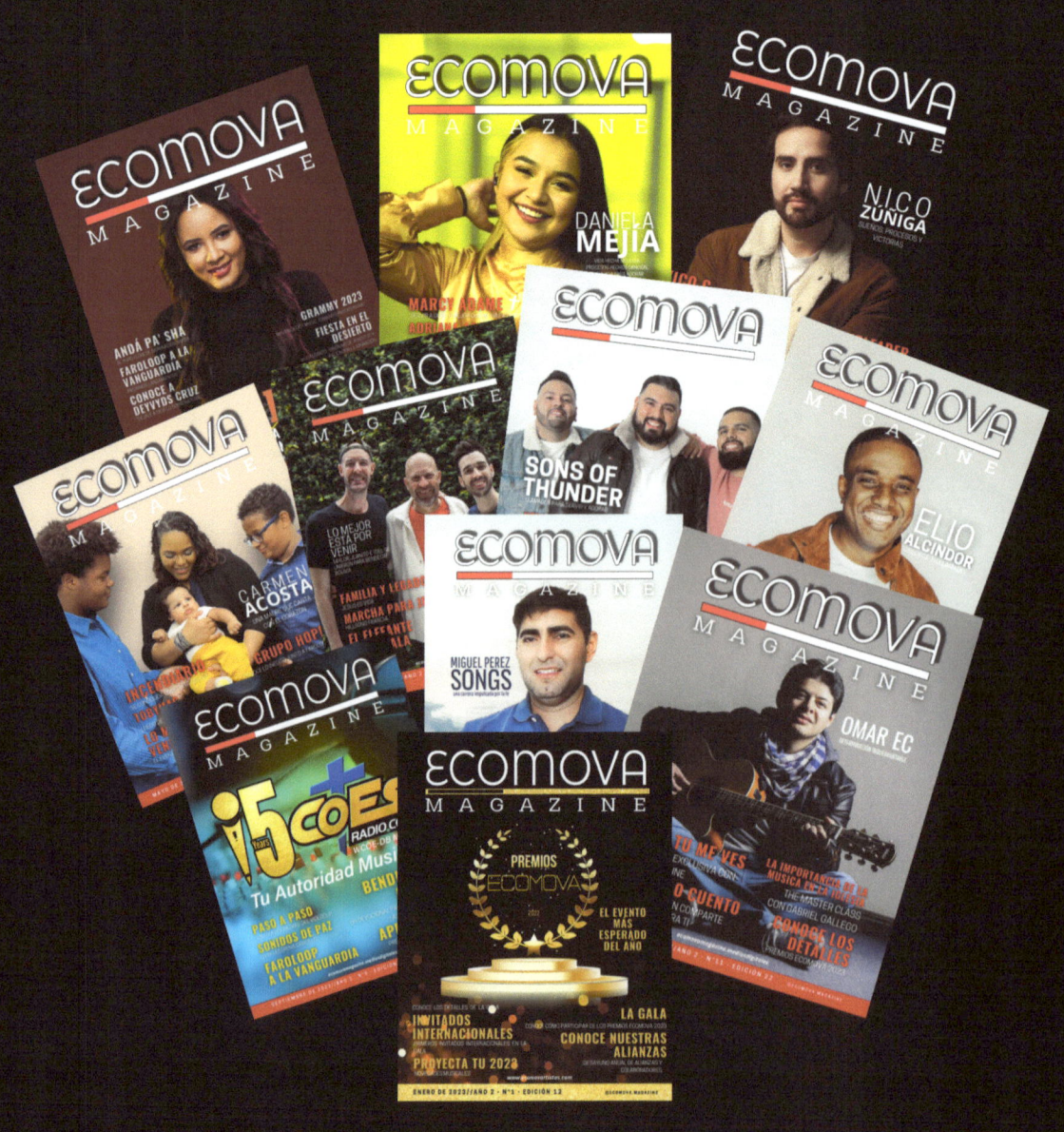

# 2023